Le ministre de Louis XVIII,
duc Decazes, au Gibaud

Théroulde Grand Chambellan de Napoléon III. — M. Jean Dupuy au Gibaud. — Appendice M. Jay de l'Académie française à Chaberville : les Dufrénoy.

PRIX : **3** FR. NET

PAR

Le Baron MAXIME DE TRIGANT DE LATOUR DE BRAU
arrière petit-neveu du duc Elie Decazes, pair de France, 1er ministre de Louis XVIII.
Grand référendaire de la Chambre des Pairs

Ouvrage orné d'une gravure

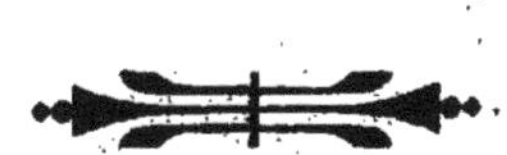

PARIS

Emile Paul, LIB. *100, Faubourg St-Honoré* — Chéronnet, LIB.
19, Rue des Grands Augustins — **Librairie de l'Ancien Temps**, *rue de la Victoire, 49.*
À BORDEAUX, **Féret**, *libraire* et chez l'Auteur.

—

1908

Dépôt légal
à la Bibliothèque nationale

Le Ministre de Louis XVIII, duc Decazes au Gibaud

Son Excellence Monseigneur le Comte Elie Decazes, pair de France, 1er ministre de Louis XVIII, Grand référendaire des Pairs, au château du Gibaud.

Théroulde Grand Chambellan de Napoléon III. M. Jean Dupuy au Gibaud. Avec en appendice : M. Jay de l'Académie Française à Chaberville : les Dufrénoy.

Prix net **8** fr. **75**.

PAR

Le Baron MAXIME TRIGANT DE LATOUR

arrière petit-neveu du duc Elie Decazes, pair de France, 1er ministre de Louis XVIII.

2me volume d'une série sur le duc et sa famille. — L'ouvrage qui précède cette étude a pour titre : La vérité sur le père et la famille du favori de Louis XVIII, la jeunesse du duc Decazes.

PARIS

Emile PAUL, lib. | CHÉRONNET, lib.
166, Faubourg Saint-Honoré | 19, rue des Grands Augustins

à Bordeaux

FERET, lib. – Et chez l'auteur à Lauzerte (Tarn-et-Garonne).

— 1907 —

La 1ʳᵉ feuille (de 16 pages) parue mai 1906

La souscription au présent ouvrage est ouverte depuis le 1ᵉʳ juin 1906, **chez l'Auteur** au prix de **3** francs, payables par mandat-carte, ou autres, adressés au baron M. Trigant de Latour à Lauzerte (Tarn-et-Garonne).

*La présente publication est la réédition, revue et aug-
mentée de trois articles de l'auteur, publiés au quotidien
d'Ajaccio « la République »*

(en I^{ers} articles)

LE MARDI 3 AVRIL 1900, LE 11 AVRIL 1900
ET LE Ier JUIN 1900.

LE VOLUME

qui

précède cet ouvrage

a pour titre :

La vérité sur le père et la famille du favori de Louis XVIII

LA

Jeunesse du duc Decazes

⚬━━━⚬

Il se vend

à Bordeaux, chez M. FERET, libraire *(adresse suffisante)* ; à Paris, chez MM. ÉMILE PAUL, lib. 100, Fg St-Honoré ; CHÉRONNET, lib. 19, rue des Gds-Augustins ; chez l'auteur à Lauzerte (Tarn-et-Garonne) ; sur demande préalable dans toutes les librairies.

Le Ministre de Louis XVIII

Duc DECAZES au Château du Gibaud

*Les fastes anecdotiques du Gibaud, de ses maîtres et de
ses hôtes*

CHAPITRE Ier

M. DECAZES ACHÈTE LE GIBAUD

Le Gibaud de Louis XVIII et de Decazes (1), ou
du moins ce qui est encore au domaine de ses terres
et de ses fermes, du temps de Decazes ; est encore
une fois la propriété d'un ancien ministre : le maître
actuel de ces vastes propriétés est M. Jean Dupuy,
qui fut, il y a quelques années, ministre de l'agriculture du cabinet Waldeck-Rousseau.

Hâtons-nous de dire que les restes de ce petit
royaume et des dépendances du palais du Gibaud, se

(1) *La République* — Mardi 3 avril 1900 — journal
paraissant à Ajaccio, (Corse), 19, Cours Napoléon, 1er
article.

trouvent être encore si vastes qu'ils peuvent rivaliser avec les plus importants domaines de France.

Le Gibaud a toujours fait ses maîtres grands cultivateurs. Voilà son propriétaire d'aujourd'hui qui devint ministre de l'agriculture !

M. Jean Dupuy n'a pas manqué de terres pour apprendre son métier.

Cependant si M. Dupuy dirige l'exploitation du Gibaud, ce n'est pas le domaine qui a fait du maître un bon ouvrier, car tout y a été remué, et celui qui a ordonné cela est évidemment un agriculteur consommé, il a donné à ces terres une prospérité qu'elles n'avaient jamais connue jusqu'alors ; le Gibaud est peut-être aujourd'hui la terre de France où a été obtenu le plus grand développement, comme entretien et comme production.

Le Gibaud avait appartenu à la famille de Beaumont de Gibaud, il faisait partie, croyons-nous, en 1793, de la seigneurie de Villette, laquelle appartenait alors à Philippe Digeon de Monteton, capitaine de cavalerie, au régiment Royal-Piémont.

CHAPITRE II

M. Decazes au Gibaud

On ne sait pourquoi la tradition raconte que Louis XVIII, voulant faire de Decazes un député (c'était le temps où il fallait payer d'énormes impôts pour être éligible) lui donna à cet effet en 1815 quelques lieues carrées de landes stériles, qui s'appelaient Le Gibaud et qui provenaient d'un bien national non aliéné.

Tout ceci est inexact, car la fortune de la famille de M. Decazes en faisait un censitaire éligible.

M. Decazes fut élu député de la Seine en septembre 1815, trois mois après Waterloo. Ce n'est que plus tard que le roi Louis XVIII fit le plan du palais à élever au Gibeau, puis, pour payer les maçons et arrondir le domaine, écorna légèrement un trimestre de sa liste civile.

Ce fut le seul profit pécuniaire, que ce favori intègre retira jamais d'une royale amitié.

Il faut rendre au duc Decazes, cette justice, de dire : que l'intérêt n'eut jamais aucune part dans la reconnaissance qu'il montra toujours au vieux roi, d l'affection que celui-ci lui donnait parce qu'il connaissait le grand cœur de son ministre.

C'est pendant les Cent Jours que le futur ministre, en faisant l'acquisition de soixante hectares de landes au Gibaud, commune du Fouilloux (Charente-Inférieure), jeta les fondements de la prospérité de ces terres.

Decazes, qui avait achevé le défrichement du Gibaud déjà entamé pendant les Cent Jours, commença, étant encore ministre, la mise en valeur des terrains.

Tous ses amis, le roi lui même, s'effrayèrent de l'entreprise ; alors Louis XVIII lui offrit, s'il voulait y renoncer, de lui donner un domaine aux portes de Paris, mais le favori préféra la tâche ingrate, ardue, mais si généreuse de jeter la prospérité dans les landes de Saintonge.

Decazes avait vraiment le génie de la création, les tâches les plus ardues lui paraissaient praticables ; les landes sablonneuses du Gibaud ne devaient pas plus l'effrayer, que les montagnes de l'Aveyron.

Ici, d'un sol ingrat, il devait faire surgir la plus admirable des colonies agricoles. — La bàs une ville manufacturière à tout jamais célèbre.

Comme on voit bien là, la superbe intelligence de cœur du ministre de Louis XVIII.

Le roi aimait Decazes, uniquement, parce que lui-même avait l'intelligence vaste et grande, qu'ainsi il avait pu voir et comprendre quelle grande âme était celle de Decazes.

Cette superbe intelligence d'âme, (car elle n'était pas d'autre sorte), Decazes la tenait de la famille de sa mère : les Trigant, dont beaucoup de membres furent des intelligences de cœur, absolument supérieures et de toute élite.

Ces intelligences d'envergure, chez qui le cœur, l'amour du beau, du bien, du grand ; la bonté, la générosité, sont la source de toute action, étaient celles parmi toutes que préférait Louis XVIII ; celles à qui il attribuait le plus de valeur, comme étant plus fines, ou tout au moins plus belles. Et Louis XVIII voulut Decazes grand et l'aima à l'égal d'un fils ; il voulut que l'on sache que ce n'était pas là le prix de la faveur, mais bien la récompense du mérite.

Mais le grand Decazes préféra le travail fécond qui contribue au bien de l'humanité ; l'étude et la science qui élèvent et ouvrent de nouveaux horizons, l'érudition enfin, aux vains honneurs. Jamais il ne sollicitera pour lui, sa grande influence conseillera, après

sa chute ; s'emploiera pour d'autres, dirigera peut-
être..... de cette ombre où elle veut rester. Sous
Louis-Philippe il peut ressaisir le pouvoir, en vain
le presse-t-on de le rechercher ; il choisit obstinément
ses travaux la plupart obscurs ; sans cesse il en dé-
couvre de uouveaux, et il sait que l'amitié de quelques cœurs d'élite comme lui, courtisans de sa re-
traite volontaire, et le travail sont les seuls palliatifs
à l'infinie tristesse que ressent une âme qui sait pen-
ser, dans notre pauvre humanité, et qui cherche en
vain, avec le pourquoi de cette destinée, de l'abandon
bientôt venu de ses souvenirs et de ses rares affec-
tions si difficilement trouvées, le sort qui sera sien
dans l'éternité.

Cependant, sous l'impulsion de M. Decazes, le Gibaud, devient vite une ruche remplie d'activité.

Et quel prix le duc n'attache-t-il pas à cette satisfaction intime que lui procure une telle hauteur de
tâche accomplie ; pensée, créée, menée à bien par
lui, sortie de son cerveau, et dont il aura conçu tous
les détails.

Après avoir eu les idées, c'est encore lui qui en
prendra en mains l'exécution et la direction.

Decazeville fut fondé en 1827.

Le Gibaud commencé pendant les Cent-jours, fut continué à partir de 1818.

Le Gibaud figure sur la carte de Cassini, comme petite ferme.

Philippe Digeon de Monteton, seigneur de Villette, qui avait, avec Villette, le Gibaud lors de la Révolution avait été déclaré émigré, et ses biens furent séquestrés en 1792, mais cet officier se fit rayer en août 1795, comme résidant à Pondenas, district de Nérac (1).

La note au bas de cette page peut guider pour connaître d'où venait à Philippe Digeon, la terre du Gibaud, ou peut être plus exactement du Gibeau. La famille de Beaumont de Gibaud possédait le château de Gibaud paroisse d'Usseau, aujourd'hui commune de Marignac près Pons (Charente-Inf.). C'est par erreur que nous avions cité cette famille à propos

---

(1) Il paraît avoir possédé en même temps la seigneurie de Cressac qui appartenait, au moins de 1723 à 1746, aux Labrousse de Verteillac et auparavant à la famille de la Touche. — Cressac avait justice secondaire.

Cressac est commune de la Génétouze, voisine de celle du Fouilloux ou se trouve Le Gibeau. — La Génétouze faisait partie de la baronnie de Saint-Aigulin dont par les Ségur, les Digeon furent seigneurs.

du Gibaud des Digeon, où elle n'a jamais eu d'intérêts.

Elie Decazes devait poursuivre son œuvre au
Gibaud avec toujours plus d'acharnement, et ce que
l'on avait prévu arriva plus tard :

Il engloutit de plus en plus au Gibaud pour le rendre habitable et productif une fortune qu'il avait
aussi entamée pour le seul et plus grand honneur de
la France à l'ambassade de Londres, et qu'il devait
sacrifier généreusement encore lorsqu'il créa Decazeville (1827).

CHAPITRE III

L'ŒUVRE D'ELIE DECAZES. — DESCRIPTION DU PALAIS
DU GIBAUD

Decazes agrandit d'abord le domaine au point d'avoir là-bas six cents hectares, puis il créa la vie sur ces mauvaises terres désertes, où ne venait qu'un peu de vigne rabougrie, enfin il fit achever le château.

Quoi qu'on ait pu croire, Decazes était de ces hommes qui ne vivent que par le cœur, la faveur du roi, la transformation des sables du Gibaud, comme toutes ses œuvres, ne furent pour lui que de faibles palliatifs à l'inquiétude d'un esprit pour qui le monde était une trop pauvre chose. Peut-être oublia-t-il quelquefois dans sa grandeur, dans ses œuvres ou dans le bien qu'il fit, les pensées qui rongent une âme obsédée de tels rêves. Mais tout ne pouvait être pour lui que la distraction d'un instant !...

Le duc était généreux, il sema l'or au Gibaud. L'homme de la restauration n'avait qu'un regret, c'était de ne pas pouvoir faire d'assez longs séjours dans sa chère propriété.

Cette vaste demeure, dont un roi fut l'architecte, devait être édifiée néanmoins sans élégance et sans luxe. A peine y reconnaît-on un vague style renaissance. C'est un lourd palais carré aux salles spacieuses ; la charpente en est si forte et si hardie qu'on la vient voir de loin comme une merveille ; l'extérieur est celui du temps du favori, l'intérieur a été modifié.

Le Gibaud a deux étages ; on accédait au rez-de-chaussée par une entrée au nord et une autre au midi, chacune ouvrant sur un immense vestibule.

A droite par le midi deux salles à manger, celle d'hiver et celle d'été, chacune pour cinquante convives, les offices, les cuisines, (sept à huit pièces).

A gauche, une magnifique salle de billard, donnant sur un salon, non moins spacieux, bibliothèque, cinq ou six chambres à coucher grandes comme des salles de bal.

Au premier étage, des chambres ; le second était réservé aux domestiques.

La hauteur des plafonds est considérable, on voit que celui qui en a conçu le plan avait l'habitude d'être grandement logé ; il y a quatre vingt-sept ouvertures, chacune véritablement énorme.

Les abords. — Pas de parc, d'immenses prairies semées de massifs et de bosquets entourant le manoir, et tout auprès l'orangerie, la serre, occupent d'énormes emplacements.

CHAPITRE IV

Le duc Decazes perfectionne au Gibaud

Au bout de l'avenue de l'Ouest se trouve la ferme, important bâtiment de briques, où le régisseur logeait ainsi que les officiers, car Decazes avait fait installer au Gibaud un dépôt de remontes de cent cinquante chevaux, les soldats travaillaient les terres.

Les écuries du château étaient immenses, les étables pour les bœufs de labour, pour les vaches laitières, et les chèvres du Thibet élevées par troupeaux, étaient admirablement aménagées.

Le duc Decazes fit la culture de la betterave pour la production du sucre, et tout à côté de la ferme, installa une sucrerie, puis une raffinerie et enfin une distillerie.

Séduit par les prairies artificielles créées dans le pays par M. Jean Riquet, maire d'Orignolles, conseiller général de Montlieu, propriétaire des Barbins, le duc lui demanda ses conseils et ils en créèrent ensemble. — Il fallait suppléer aux prairies naturelles que le sol sablonneux ne favorisait pas.

Decazes créa une verrerie.

Il fit venir des Suisses amenant des vaches laitières de leur pays, puis il fit aménager une laiterie modèle. — C'était innover l'industrie des beurres et des fromages dans la région. (1)

Decazes fit ensuite venir des bœufs si renommés de Durham (Angleterre) pour le travail des terres.

Le favori avait installé tout cela grandement. Les employés de ces diverses administrations logeaient à la ferme.

C'était une véritable colonie où tout se rencontrait et que Decazes avait entièrement créée.

Lorsque tous ces établissements furent prêts, Decazes fit construire le village dont toutes les maisons sont en briques comme les dépendances du château.

Puis M. Decazes installa une faïencerie, des pressoirs pour les vins, des alambics pour les alcools. Il éleva des chevaux pour avoir de l'engrais.

Il défricha, il tailla, il planta, il fit d'onéreux essais

(1) L'exemple de Decazes sous ce rapport fut suivi, notamment à Montguyon près du Gibaud, par les Brusley (importante laiterie de Fontbouillant) — Et par M. Obissier qui a créé une fromagerie considérable à sa propriété de la Villa Beauchêne.

pour une foule de produits agricoles, de fruits, de
céréales, enfin l'on peut dire que M. Decazes fut
le plus progressiste des agriculteurs de son époque.

CHAPITRE V

UN AMI DU GRAND REFERENDAIRE DES PAIRS DUC DECAZES. M. JEAN RIQUET, MAIRE D'ORIGNOLLES

Aidé de M. Jean Riquet, lequel s'était beaucoup occupé comme conseiller général du percement des routes de la région, il rendit facile l'accès de ses domaines. — On ne pouvait au début y arriver qu'à cheval ; — des routes furent faites dans plusieurs directions et contribuèrent à la prospérité de ce pays, jadis stérile et déshérité.

DOCUMENT

Tout de l'écriture de Decazes ; adresse sur la quatrième page de la lettre. — Cachet aux armes de Decazes avec leurs supports un lion et un griffon (les mêmes que ceux des Trigant) couronne de marquis, au fond le manteau de pair et la couronne princière.

Monsieur

Monsieur Riquet
Maire d'Orignoles

Le Gibaud, 9 octobre 1823

J'envoie quatre ouvriers, Monsieur, pour réparer le chemin de Montlieu à Montguyon et j'ose compter sur votre obligeance pour leur donner protection, et un peu d'aide. Un mot de vous déterminerait vos administrés à concourir à ce petit travail, qui leur sera plus profitable qu'à moi, qui n'en tirerai d'autre avantage que de faciliter le voyage d'un ami que j'attends dimanche ; mon projet étant d'aller vous demander à déjeûner un jour de la semaine prochaine, mais à cheval en passant par   . Je vous dirai mes regrets de n'avoir pas eu le plaisir de vous voir le 28, comme nous nous en étions flattés, et je vous demanderai vos bons conseils et la permission de prendre exemple sur vos travaux. — J'ai éprouvé cette année la justesse de vos observations ; vous m'aviez prévenu que les semences d'automne ne valaient rien pour les prairies artificielles, j'ai voulu néanmoins en essaier et il m'a fallu tout resemer au Primtemps.

Agréez, Monsieur, l'expression des sentiments distingués avec lesquels je suis votre très humble et très obéissant serviteur.

DECAZES.

Papiers du Laty : Copie conforme par moi faite le 2 mars 1902, sur l'original et collationnée par moi sur led. original.

Baron MAXIME TRIGANT DE LATOUR.

CHAPITRE VI

Vie de Son Excellence Monseigneur le Comte Elie Decazes, au chateau du Gibaud

(1) Decazes venait-il au Gibaud : son intelligence vivifiait tout. Pendant ces séjours trop courts à son gré, il s'occupait avec une merveilleuse activité de toute cette organisation qu'il avait créée, de ce pays qu'il avait fait prospère, de ses plantations, de ses entreprises.

En compagnie de son régisseur, il visitait ses métayers si éloignés qu'ils fussent, voulant tout voir, tout ordonner par lui-même ; il en oubliait souvent l'heure des repas et ne s'épargnait aucune fatigue, ne s'occupant que de celle des autres.

Lorsqu'il rentrait à cheval, à travers les terres, toujours entouré, on le reconnaissait de loin à sa haute stature, à la noblesse de ses manières : de plus près, la bonté que reflétait son beau et franc visage, où se

---

(1) *République* 11 avril 1900.

lisaient et sa générosité d'âme et l'élévation de ses sentiments, le désignait encore.

Quand c'était à pied qu'il sortait, il tenait à la main une canne pourvue à son extrémité d'une petite bêche, et tout en marchant à travers les terres, il coupait les plus vivaces des mauvaises herbes qui se rencontraient sous ses pas.

On ne doit pas oublier de mentionner la colonie agricole créée par le grand référendaire au milieu de ses forêts de pins du Gibaud.

Très populaire, il tutoyait toute la population agricole qui l'entourait et se faisait appeler par chacun : Monseigneur. Il était très aimé de tous ces travailleurs car il était bon et serviable à tout le monde, il ne voulut jamais que ses amis ou ceux qu'il recevait à sa table l'appelassent : Votre Excellence, mais simplement : « Monsieur le duc ».

La seule brochure qui donne quelques détails sur la vie au Gibaud au temps du favori et paraît-il sur l'histoire même du Gibaud n'a pas plus de 80 à 100 pages, introuvable aujourd'hui. La bibliothèque nationale croit ne pas la posséder. Son titre était : « Decazes, Le Gibaud » elle a dû paraître à Jonzac chez Ollière vers 1860, et doit être du même auteur que celle analogue intitulée : Jay, Duchatel, deux noms illustres de cette région. Sans doute, c'était là des publications électorales.

Ces deux exposés ne donnent en somme presque rien, il faut les souvenirs que nous rapportons aujourd'hui pour parvenir à reconstituer l'histoire du Gibaud.

L'opuscule ayant pour titre *Decazes, le Gibaud* ; (ou un titre approchant) dont nous venons de parler, n'avait pas de couverture ; le titre figurait sur la première page, laquelle était de même papier que le reste de l'opuscule, et au-dessous sur cette 1re page servant de couverture se trouvait le portrait du duc Decazes.

Malgré toutes ses recherches, l'auteur de la présente narration n'a pu en découvrir aucun exemplaire. Si parmi les personnes à la connaissance desquelles ceci parviendrait, il s'en trouvait une qui connût la présence de la brochure Decazes le Gibaud, dans un dépôt public ou particulier, ou sa mise en vente, je la prie bien instamment, avec une vive gratitude anticipée, de m'en donner communication, adresse : Maxime Trigant de Latour, à Lauzerte (Tarn-et-Garonne), je répondrai à cet aimable avis par l'envoi recommandé d'un petit lot de cartes postales illustrées.

Je recherche également le pendant de cette brochure, que j'ai signalé ci-dessus, intitulé « Jay, Duchâtel (ou à peu près ce titre). »

De même il me serait bien agréable de compléter ma collection des libelles, des ultras contre Decazes, la liste de ceux que je possède sera donnée à la fin de ce volume.

CHAPITRE VII

Inauguration de la célèbre foire du Gibaud

Lorsque le duc Decazes eut fait tout installer au
Gibaud, il imagina ces foires mensuelles qui subsis-
tent florissantes encore aujourd'hui et sont, dit-on,
uniques, en France. C'est un marché en plein vent
au milieu de la propriété, sous les chênes des bosquets où l'on vend de tout, depuis le gros bétail jusqu'à la plus minuscule denrée.

En 1830, à l'occasion de l'inauguration de la première de ces foires, le duc Decazes donna une fête
magnifique suivie d'un repas non moins somptueux
et auquel assistèrent toutes les notabilités de la contrée ; le grand référendaire avait à sa droite Madame
Félix Sarrail, née Trigant-Gramont, sa parente.

M. Decazes donnait souvent de ces fêtes ; il y avait
aussi les déjeuners des maires des communes. C'était
l'époque où l'on passait des lavabos à la fin du repas
(pour se nettoyer la bouche !) ; des convives ne sa-

chant pas avalaient l'eau tiède... on devine les suites.

Le Gibaud est à sept kilomètres de Montguyon, son chef-lieu de canton, et à quinze de Montlieu, autre important centre de l'arrondissement de Jonzac.

Il venait aussi au Gibaud des hôtes de Cercoux, kilomètres, de Guitres et Coutras, 17, de Libourne, 3, 94, et de plus loin encore.

La Grave, demeure favorite du ministre, est à Bonzac à deux bons kilomètres de St-Denis de Pile, St-Denis de Pile est à 5 à 6 kilomètres de Guitres et à neuf de Libourne.

CHAPITRE VIII

Les députés Ratier dit de Montguyon et Pierre
Augustin Riquet. — Suite de la biographie de
Jean Riquet sur lequel on trouvera encore
d'autres souvenirs aux chapitres suivants

Les familles les plus en vue de la contrée, dès la
révolution de 1789, étaient les Riquet et les Ratier ;
ces derniers s'éteignirent dans les premiers.

Le duc Decazes était ami de ces familles, mais il
était particulièrement intime avec M. Jean Riquet
(1), celui-ci avait épousé la nièce du député Pierre
Léger Ratier plus connu dans les dictionnaires sous
le nom de Ratier de Montguyon.

Le député Pierre Léger Ratier était né à Cercoux
(Charente-Inférieure) le treize novembre mil sept
cent quarante-sept, de Jacques Ratier, seigneur du

---

(1) Les représentants actuels de cette branche de la famille Riquet sont : Madame Vve Riquet belle-fille et Madame E. Zebrowski-Riquet, petite-fille de Jean Riquet.

fief et de la maison noble de Lussière en Cercoux et de Jeanne Guilhier (1) son épouse.

Reçu bachelier en droit civil et canon (brevet en latin, sur parchemin, délivré par Dumirat, prêtre docteur en théologie) Académie de Bordeaux, le 15 juillet 1768. Licencié en droit civil et canon (brevet identique, délivré par le même, avec cachet dans une boîte de métal), le 3 juillet 1769.

Ainsi, licencié ès-lois, il prêta le serment et fut reçu avocat en la cour, parlement de Bordeaux (2) le 6 juillet 1769.

Pierre Léger Ratier était avocat à Saintes, en 1789, lorsqu'il fut élu, par le tiers-état, député de la sénéchaussée de Saintes aux Etats généraux de 1789, et à la Constituante. — Il prêta le serment du Jeu de Paume, et fit ensuite partie du Comité féodal.

Le vingt novembre dix sept cent quatre-vingt-dix, Louis XVI, (roi des Français par la grâce de Dieu et

(1) Elle était fille de Jean Guilhier, praticien à Cercoux et de Julie Guilhier. Elle avait pour sœur, Julie Guilhier, et pour frère, un avocat au conseil demeurant à Paris rue St-Dominique, celui-ci fut institué héritier universel par son père, et était héritier avantagé sur ses sœurs (Jeanne et Julie) de sa mère.

(2) Nous comptons publier un historique de sa vie, avec l'histoire de sa famille ; celle des Riquet, des Guilhier, Jay, de Grange, Sarrail, de Luze, etc..., etc...

la *Loi* (sic) constitutionnelle de l'Etat!...) l'avait investi de l'office de juge du district de Montlieu, sur l'élection faite de lui le 26 octobre 1790 dans l'église de Vassiac, par les électeurs de ce district, pour remplir cette place pendant six années. Le Président était le 1er juge élu, et ce fut M. Ratier.

Pierre Léger Ratier adhéra au 18 brumaire, fut nommé sous-préfet de Jonzac, le 9 germinal an VIII (30 mars 1800).

Député au Corps Législatif de l'an XII à 1815.

Il épousa Victoire Galaup (de Galaup) sœur du sous-préfet de ce nom.

M. Jean Riquet, l'ami du duc Decazes, était le neveu de Pierre-Augustin Riquet, député de la Charente-Inférieure à l'Assemblée Législative (1791).

Ce représentant du peuple avait légué à M. Jean Riquet, son neveu, le domaine des Barbins commune d'Orignolles, situé à 12 kilomètres du Gibaud.

CHAPITRE IX

JEAN RIQUET (SUITE DE SA BIOGRAPHIE) SA FAMILLE. —
PREMIÈRES NOTES SUR LA FAMILLE RATIER

Jean Riquet, aîné, était né à Cercoux, le dix-sept ou le dix-neuf septembre mil sept cent quatre-vingt-onze, il mourut le premier avril mil huit cent cinquante et un.

Il était fils de François Riquet frère du député de ce nom (1), bourgeois, notaire, procureur de la baronnie de Montlieu et Montguyon et greffier de celle de Montlieu (2), maire de Cercoux, et de Marie Ragot, (laquelle appartenait à une famille de bourgeoisie).

---

(1) François Riquet : nous avons dit sa vie dans notre publication *Encyclopédie* ainsi que nous l'expliquons en renvoi page suivante. Des détails sur lui se trouvent en outre dans mon livre, qui précède celui-ci :

La vérité sur le père et la famille du favori de Louis XVIII, la jeunesse du duc Decazes. — En vente chez l'auteur baron Maxime de Latour à Lauzerte (Tarn-et-Garonne), paru 1901, grand in-8°, 132 pages, prix 2 frs, net, franco.

(2) On trouvera à la biographie détaillée de ce François Riquet, père de l'orléaniste Jean Riquet des Barbins, dans mon *Encyclopédie Univ. ill. de biographie et d'histoire*, tome 1er prix 6 fr. 75, au fascicule V, rédigé par moi sous

Jean Riquet fut élevé à Saintes.

Il avait *été garde d'honneur* sous Napoléon Ier, et avait fait la campagne de Russie.

On sait que dans ce corps institué pour les campagnes de 1813 et 1814 les non gradés avaient rang d'officiers, et que l'Empereur ne s'adressait à eux qu'en les appelant : « Messieurs les Gardes ».

Sous la restauration, M. Jean Riquet, était en 1814, maréchal des logis au troisième régiment des gardes d'honneur.

Jean Riquet avait été notaire à Cercoux ; sa femme, Marie-Agathe Nau, était née à la Ruscade en 1793, de Guillaume Nau bourgeois de la Ruscade (1), et de Marie-Madeleine Ratier, sœur du député de ce

---

le titre : « Détails pour l'hist. moderne de la commune de Cercoux (Charente-Inférieure), avec des notes biographiques et historiques sur tous les Maires, adj. cons. municipaux, ainsi que sur divers autres fonctionnaires de cette commune, du 13 nov. 1791 à nos jours. Vente chez l'auteur, Maxime Trigant de Latour St-André de Cubzac (Gironde). Voir pour tous renseignements mon livre *Manuel du Chercheur*, que j'envoie contre 3 fr. 50, il permet de comprendre tous termes anciens ; d'après un acte de juger exactement la position dans la vie de toute personne qui y est citée, etc., etc.

(1) Famille d'ancienne bourgeoisie de la Ruscade.

nom, elle est morte le 5 mars 1848, laissant une grande réputation de bonté et de bienfaisance.

Sa sœur Zoé Nau, épousa le marquis de Callières, né à Callières commune de Clérac, canton de Montguyon (Charente-Inférieure).

Marie Agathe Nau avait eu en dot le domaine de Giraud en Cercoux, héritière universelle du frère de sa mère Pierre Léger Ratier, député ; la veuve de celui-ci (ils n'eurent pas d'enfants) Victoire Galaup, vendit à M. Jean Riquet moyennant une rente viagère de 3000 fr., l'usufruit du domaine de Lussières à Cercoux, à elle légué par son mari ; Jean Riquet vendit Lussières à M Mouret négociant en eaux-de-vie, le 3 Septembre 1825, Victoire de Galaup mourait l'année suivante.

M. Riquet était très lié avec le duc Decazes, il allait au château de la Grave en réceptions et en intimité, et le duc venait également au domaine des Barbins.

(Petit in-8° papier)

Imprimé (les parties en italique sont seules manuscrites).

Le Duc et la Duchesse Decazes prient *M. et Madame Riquet* de leur faire l'honneur de venir passer la « soirée ». (Les expéditeurs ont fait surcharger ce dernier mot pour le remplacer par celui :) *journée* chez eux, à La Grave, le 26 du courant à l'occasion de la Fête du Roi.

R. S. V. P.

La Grave 12 août 1822

Papiers du Lary, copie par moi faite de l'original à moi communiqué.

Baron MAXIME TRIGANT DE LATOUR.

Sur la 4me page l'adresse, et cachet de cire aux armes accolées des Decazes et des Saint-Aulaire.

A Monsieur

à Monsieur Riquet (1)
maire à Orignole
(l'adresse n'est pas écrite par Decazes)
(manuscrit de la main d'Elie Decazes — texte au haut de la feuille)

---

(1) Jean Riquet des Barbins, maire d'Orignolles, conseiller général des cantons de Montlieu et Montguyon, ancien garde d'honneur. — Beau-frère de la marquise de Callières — neveu des députés Riquet et Ratier. Grand-père de Madame E. Zebrowski-Riquet Beau-père de Madame Vve Théophile Riquet née Sarrail, (qui est fille d'une Trigant) propriétaire du Lary qui a daigné nous faire l'honneur de nous communiquer les papiers de sa famille, et de nous narrer quelques souvenirs alors que nos notes étaient incomplètes pour la présente partie de nos travaux sur Elie Decazes.

Vous seriez bien aimable, Monsieur, de venir
avec nous à 2 heures dimanche pour l'anniversaire
de la naissance du Roi. Vous ne devez pas douter
du plaisir que vous ferez à votre affectionné serviteur.

DECAZES.

Le Gib. jeudi 14 novembre 1822

M. Riquet

(Papier à lettre petit in 4°)

(N'a pas été expédiée par la poste)

M. Jean Riquet était au temps de M. Decazes,
maire d'Orignolles ; février 1824 — 1827 — 1830
— 1838.

Conseiller général des cantons de Montlieu et
Montguyon du 4 janvier 1831 à 1839.

Juge de paix du canton de Montlieu de 1841 à
1848.

M. Jean Riquet était le plus grand propriétaire de
Montlieu, il avait une fortune de huit cent mille
francs à un million... c'était « le bras droit » de
M. Duchâtel qu'il représentait au Conseil général.
D'un physique agréable, aimable, spirituel et distingué : généreux, M. Riquet qui était issu de la même
famille que l'auteur du canal du Midi, avait tout à
fait l'esprit de sa race. Ses entreprises dépassèrent

souvent celles du duc Decazes, fréquemment le favori
dut imiter les plantations de M. Riquet et lui demander des conseils.

Jean Riquet avait fait tracer et construire presque
entièrement à ses frais la grande route d'Orignolles à
Valin, (1) qui porta longtemps le nom de route
Riquet, cette grande œuvre fut une des causes de la
ruine de cette famille.

M. Riquet cultivait la vigne, les céréales et autres
produits habituels de la Saintonge ; comme il faisait
l'élevage il fit des prairies artificielles et le Grand Référendaire voulut aussi en faire, tous deux s'occupèrent ensemble d'intérêts communs, ils firent faire
des routes et des chemins, car il n'y en avait pas
alors dans le pays ! Ils améliorèrent l'élevage, l'agriculture en général.

---

(1) Il ne s'agit pas de la route nationale Bordeaux Paris
divisée par Decazes en un second tronçon, quittant à Che-
vanceaux la route ancienne (Cavignac, St-André de
Cubzac, Cubzac les Ponts, la Grave d'Ambarès Bordeaux)
qui subsiste ; pour en passant par Montguyon, dessous
Cercoux, Guitres, St Denis de Piles, Libourne, St-Loubès,
arriver à Bordeaux. — Ni de la route de Montendre à la
Roche-Chalais qui fut faite sous l'influence du Conseiller
général Jean Riquet.

CHAPITRE X

Les Familles Riquet et Ratier. D'autres amis du
duc Decazes, hotes du Gibaud, les Sarrail, les
Trigant-Gramont.

Il y avait dans cette région d'autres personnes que
le duc Decazes affectionnait : c'était la famille
Sarrail.

Félix Sarrail était moins riche que M. Riquet, celui ci avait quinze métairies, M. Sarrail n'en avait
que trois.

Félix Sarrail vivait retiré et n'était point« lancé »
comme l'étaient M. Jean Riquet et ses fils, MM. Théophile et Henri Riquet ; aussi y avait-il plus de laisser
aller dans les rapports des orléanistes Riquet qui vi-
vaient en grands seigneurs avec le duc Elie, que dans
ceux de ce ministre avec M. Sarrail.

M. Sarrail était un bourgeois, le plus important
peut-être, mais les Riquet étaient, avec les Ratier, les
premiers du pays.

François Riquet aurait été sieur de Bois du Roi, d'après une note laissée par un de ses proches.

Dans quelques années nous publierons une histoire complète et détaillée de cette famille, laquelle formera un volume considérable.

Le premier d'entre ses membres venu en Saintonge était un gentilhomme, seigneur de la Tour *dans la ville de Bordeaux* (actes le concernant), son fils et ses descendants tombés dans la bourgeoisie occupèrent beaucoup de charges judiciaires en Saintonge, surtout dans la baronnie de Montlieu, et y eurent des terres nombreuses, ils n'eurent une branche à Cercoux que vers le temps de la Révolution.

Les Ratier, dont nous rédigeons aussi l'histoire (et celle des Guilhier) sont au contraire de Cercoux et environs, c'était la première famille de la haute bourgeoisie ayant sieurie et même seigneurie, ils possédaient en effet de très nombreuses terres, et fiefs nobles ; notamment celui de Lussières en Cercoux, ils occupèrent quelques charges de magistratures.

Maximin Felix Sarrail était venu, vers 1830, habiter le domaine de Chagneau, commune de St-Pierre du Palais, (canton de Montguyon Charente-Inférieure). — Il avait été nommé, aussitôt, maire de cette petite localité ; (il l'était avant 1835, et en juillet 1836),il garda ce poste jusqu'a sa mort.

Marie Trigant-Gramont, femme de Félix Sarrail, avait, en venant habiter Chagneau, retrouvé le voisinage de son père : Pierre Trigant-Gramont, maire de Cercoux, qui habitait dans cette dernière commune au Lary (ce nom de Gramont était aussi celui du père de ce maire de Cercoux, et venait du domaine de Gramont, qui avait appartenu à cette branche de la famille Trigant ; Gramont est situé à Lagorce, (Gironde) à un kilomètre de Chaberville, que venaient de quitter Marie Trigant et Félix Sarrail, ainsi que nous le dirons).

La maison de Pierre Trigant-Gramont, au Pas du Lary, alias petit Lary, par abréviation le Lary, est encore actuellement dans sa plus grande partie à sa petite-fille Madame veuve Théophile Riquet, (fille de Marie Trigant-Gramont et de Félix Sarrail) qui habite cette maison avec sa fille unique et ses petits enfants.

Cette maison du Lary, commune de Cercoux, est à peine à trois cents mètres de celle de Chagneau, située, elle, dans la commune de Saint-Pierre du Palais. — Les terres des deux propriétés, Chagneau et le Lary, cette dernière sur la route du bourg de Cercoux à Montguyon, sont sur la limite des deux communes dont chacune des deux fait respectivement partie.

Le duc Elie Decazes traitait madame Sarrail née Trigant, de cousine, sans doute parce qu'elle descendait d'une Duperrieu, famille dont le duc Decazes descendait aussi.

Félix Sarrail était un homme très discret, profondément estimé, très considéré ; le duc, parent de sa femme, comme nous venons de le dire, l'appelait mon cousin. M. Sarrail devait mourir la même année que le favori, en 1860 ; mais il avait vingt ans de moins, l'ancien ministre mourut à quatre-vingts ans.

Lorsque le duc arrivait au Gibaud, (Le Gibaud est à six kilomètres de Chagneau) il envoyait Deluce, son valet de chambre, à Chagneau, prévenir M. Sarrail que son couvert était mis tous les jours, celui-ci n'y allait que deux ou trois fois par mois ; le duc, au reste, n'allait que rarement à Chagneau.

Félix Sarrail et Marie Trigant eurent deux filles, qui devaient épouser chacune l'un des fils du conseiller général Jean Riquet des Barbins, l'ami du duc Decazes.

La seconde, Suzanne Cora Sarrail, née en 1830 ou

TRIGANT

Armes de cette famille sous Louis XIV

D'après l'empreinte d'un cachet de ladite époque, en argent ayant un manche d'ivoire sculpté, dont l'extrémité supérieure est une tête censée être celle du Prince-Noir donné récemment par Marie-Anne-Justine Decazes, veuve de M. Trigant de Geneste (de la branche du Petit Fort de Geneste) à M. Trigant Geneste (de la branche de Batier de Genest).

1831, (1) actuellement vivante et habitant le Lary, partie restante de sa dot (2) avec sa fille Mme E. Zébrowski.

Elle avait épousé, en 1854, Louis Théophile Riquet, décédé ; ni la perte imméritée d'une haute situation ni l'âge, n'ont ôté à sa veuve aucun des attraits et des charmes d'une haute et parfaite distinction.

Louis Théophile Riquet, né en 1822, orléaniste comme son père (le conseiller général Jean Riquet, l'ami du duc Decazes) fut lui-même très lié avec le duc ministre de 1874 ; grand seigneur par la distinction de ses manières, son esprit, la haute culture de son intelligence, autant que par la libéralité pécuniaire qu'il montra toujours ; M. Théophile Riquet l'était plus encore peut-être par la générosité et l'élévation de l'âme, il mourut au Lary, le 15 janvier

(1) Elle eut pour parrain Michel Trigant son oncle; sa marraine fut Joséphine Deslix, non mariée habitant Ménard commune de St Martin du Bois, sa grand'tante, fille de M. Deslix et de N. Dégranges, cette dernière, tante de Félix Sarrail. — Ce M. Deslix son père était en 1799, au moment où la magistrature allait cesser d'être élective, l'un des vingt membres du tribunal civil de tout le département de la Gironde ; on ne le trouve pas à l'Amanach de 1810 ; mais il est conseiller à la cour de Bordeaux avant Juillet 1812 (acte) l'est encore 1813 (Almanach Imp.). 1830 (Alm. royal) n'y est plus 1836, sans doute mort.

(2) Chagneau avait été donné à sa sœur, laquelle épousa Henri Riquet, l'un des frères ainés de Théophile, ils vendirent Chagneau.

1891 et fut inhumé au cimetière de Cercoux, dans une tombe que fit élever pour lui et pour Michel Trigant, leur fille et petite-nièce : Marie Louise Eugénie Riquet. Cette dernière, unique enfant de L. Th. Riquet et de Suzanne Cora Sarrail, née vers 1861, eut pour parrain N. Delézé, mari d'une Dégranges, (1) son arrière grand'tante ; et pour marraine Marie Sarrail, née Trigant-Gramont, sa grand' mère.

Marie Louise Eugénie Riquet, la petite-fille du conseiller général Jean Riquet (des Barbins) et de Marie Agathe Nau, de Félix Sarrail et de Marie Trigant, épousa, en 1883 à l'église St-Germain l'Auxerrois de Paris : Eustache Zébrowski, né à Nantes en 1856, ingénieur civil des Ponts (sorti de l'Ecole nationale française des Ponts et chaussées sans être passé par l'Ecole Polytechnique) fils d'un gentilhomme polonais, réfugié naturalisé français ; et d'une française dont la mère était née de la Bretonnière et originaire de Nantes.

D'où trois enfants, dont deux vivants, ils sont :

(a) *Claire* Zébrowski Riquet, décédé, née au Lary en 1884, morte à Saint Remy de Provence le 21 décembre 1895.

____

(1) Taute maternelle de Félix Sarrail.

(*b*) vivant : Ioneck (Jean) Zébrowski Riquet né au Lary en 1886, obtint, en 1898, au collège de Pons où il était élevé 18 nominations et la médaille de bronze ; 1899, 20 nominations dont 12 prix et la médaille d'argent; sauta une classe en 1902 et malgré cela fut reçu bachelier première partie, eut la seconde partie et la médaille d'or de tout son lycée l'année suivante. Nommé en 1905. — Professeur adjoint de l'Université de France ; en disponibilité sur sa demande.

(*c*) Vivant : Marius *André* Wladimir Zébrowski, né à St-Rémy de Provence en 1895.

CHAPITRE XI

Autres détails sur les amis du duc Elie Decazes, Félix Sarrail et Marie Trigant sa femme. — Les Ratier, leur famille. — La famille Sarrail ; les Dégranges ou de Granges — Chaberville, — l'académicien Jay.

Revenons aux amis du duc Decazes : Félix Sarrail et sa femme Marie Trigant.

Cette dernière était née le 6 floréal an XIII, (vingt-six avril mil huit cent six) et mourut à Guitres (Gironde) en 1878 ; elle était fille de Pierre Trigant-Gramont (1) maire de Cercoux et de Marie Marguerite Esmein (2).

Elle eut pour marraine :

---

(1) L'un des fils (l'ainé ou le second fils) de Jean Trigant-Gramont et de Catherine Thouluire.

(2) Voir pour détails sur cette famille, le fascicule V. de mon Encyclopédie Universelle illustrée de biographie et d'histoire, intitulé : « Détails pour l'histoire moderne de la commune de Cercoux (Charente-Inférieure) notes biograph. et hist. sur les maires, adjoints... etc... de cette commune ; faisant partie du tome 1ᵉʳ de la dite Encyclopédie dont le prix est 6 fr. 75 à adresser en mandat à l'auteur Baron Maxime Trigant à St-André de Cubzac (Gironde), pour recevoir l'ouvrage.

Marie Ratier, Madame Augustin Rocher (1) sœur du député Pierre Léger Ratier, dit Ratier de Montguyon, habitante du Grand Lary en Cercoux, (village dit du grand Lary par opposition à celui du Petit Lary, Pas du Lary, qui est situé non loin de ce dernier, mais de l'autre côté de la rivière de ce nom).

Celle-ci voulut faire un testament en faveur de sa filleule Marie Trigant ; mais le député Ratier, son frère, l'en empêcha ; ce qui causa une brouille entre les deux familles.

---

(1) La tante de Mme Rocher avait épousé M. Esmein, arrière grand père de sa filleule.

Le député Pierre Léger Ratier avait pour sœur, ordre généalogique non établi :

— Madame Augustin Rocher, Marie Ratier aînée citée plus haut.

— Marie Marguerite Ratier, Madame Guillaume Nau (qui fut mère de la Marquise de Callières et de Madame Jean Riquet).

Le père du député, de Mme Rocher et de Mme Guillaume Nau : Jacques Ratier époux de Jeanne Guilhier, était fils de Guy Ratier, et de Catherine Dureau.

Ce Guy Ratier avait pour sœur Jeanne Ratier, veuve d'Arnaud Poitevin qui se remaria le 23 avril 1742 à Paul Esmein, père de Michel Esmein (pour sa biographie voir renvoi 2, page précédente) qui de Marie Anne Merlet, laissa : le Docteur Jean Baptiste Esmein et Marie-Marguerite Esmein, mariée à Pierre Trigant Gramont. Ces derniers eurent deux filles et un fils, l'une de celles-ci est morte sans s'être mariée, l'autre a été Madame Félix Sarrail ; le fils Michel Trigant, aussi maire de Cercoux, n'a pas eu de postérité ne s'étant pas marié, sa biographie et celle de son père sont au fascicule V de l'Encyclopédie, citée renvoi 2, page précédente, que le lecteur est prié de revoir.

Marie Trigant avait reçu une très brillante instruction, son éducation n'était pas moins parfaite ; jolie et fière, très grande dame, elle fut mariée à Maximin Félix Sarrail en mil huit cent vingt-quatre, et alla alors habiter à Chabreville (1) commune de Lagorce (Gironde) chez son beau-père, Guillaume Sarrail, qui avait une partie de ce domaine.

Maximin Félix Sarrail, était né en mil huit cent, du mariage de Guillaume Sarrail et de N Degranges alias de Granges.

Guillaume Sarrail avait été maire de Guitres sous la Terreur du 5 ventôse an VII (23 février 1799) au 5 ventôse au VIII (25 février 1800) (Histoire de Guitres par Godin et Howyn de Tranchère (2). Guillaume Sarrail était co-propriétaire avec l'Académicien Jay, proche parent de sa femme, née Degranges, comme nous l'avons dit (cousin-germain, dit-on), du domaine de Chabreville.

Le Sarrail et l'Académicien Jay habitèrent en même temps cette souriante demeure, si triste et si

---

(1) Dans la basse Saintonge on intervertit souvent dans les mots er pour en faire re ; le nom du domaine est Chaberville, les paysans dans leur habitude de patoiser le français, en le prononçant comme leur patois, ont presque fait prévaloir la forme Chabreville Bou. M. T de L.

(2) D'abord prêtre à St Ciers d'Abzac.

abandonnée aujourd'hui. Cette terre serait venue aux deux familles de ces mêmes Degranges.

Chaberville est l'une des plus belles propriétés de la commune de Lagorce.

Ce domaine est très agréablement situé, sur les bords de la rivière du Lary, à deux kilomètres environ du centre de la commune de Lagorce, et à une égale distance à peu près de la petite ville de Guitres.

La maison de maître est magnifique, la partie extérieure de cette construction présente l'aspect d'une très grande villa, mais l'intérieur est celui d'un château, plusieurs fermes dépendent du domaine, et il comprend même un moulin.

Guillaume Sarrail à Chabreville, était maire de Lagorce depuis de longues années ; Maximin Félix Sarrail son fils lui succéda comme maire de Lagorce, lors de sa mort.

Marie Trigant avait habité Chabreville jusqu'à la mort de son beau-père, lequel y étant décédé fut inhumé au cimetière de Lagorce.

L'illustre Antoine Jay succéda, en 1830, à Félix Sarrail comme maire de Lagorce, Félix Sarrail et Marie Trigant sa femme étant allé s'établir à Chagneau en St Pierre du Palais, (commune de laquelle, ainsi qu'on l'a vu, Félix Sarrail fut aussitôt nommé maire).

En effet l'illustre Antoine Jay, qui était avec Félix Sarrail sur un grand pied d'intimité, obtint de lui, l'échange de la partie de Chaberville, dont, lui, Félix Sarrail, avait hérité de Guillaume Sarrail son père contre la plus grande partie du domaine de Chagneau, que le grand homme avait acquis de la famille Brusley.

Papiers du Lary, collection de madame Zébrowski Riquet.

Echange de la part de M. F. Sarrail à Chabreville, entre les biens de Chagneau acquis auparavant par M. Jay académicien des Brusley.

Papier timbré de 4 pages, timbre royal 1fr. 25 (en noir) autre timbre blanc dans le papier. 27 Juillet 1830.

« Echange. — Par devant Louis Obissier, notaire Royal à la résidence de la ville de Guitres, chef-lieu de canton, arrondissement de Libourne soussigné.

Ont comparu.

M. Antoine Jay, avocat, demeurant à Paris, et dans ce moment sur son bien de campagne à Chaberville commune de Lagorce.

Et M. Maximin Félix Sarrail, propriétaire demeurant à Chagneau, commune de Saint-Pierre du Palais, canton de Montguyon.

Lesquels ont convenu et stipulé l'échange suivant, avec garanties réciproques de tous troubles, évictions, hypothèques et empêchements quelconques, savoir :

1º M. Jay cède et transporte, à ce titre à M. Sarrail, qui accepte :

Un domaine situé au lieu de Chagneau, commune de St-Pierre du Palais, consistant en maisons de maître et pour l'exploitation et terrains de toutes natures divisés en trois pièces quelles que soient la consistance et l'étendue du tout, tel que M. Jay l'avait acquis de M. Brusley, par acte passé devant Mᵉ Hamilton Frichou, notaire à Saint-Aigulin, le vingt novembre dernier en forme sans exception ni réserve.

Evalué à un revenu annuel de six cents francs, sans distractions des charges.

En contre échange, M. Sarrail cède et abandonne à M. Jay qui accepte :

Un domaine lui appartenant pour l'avoir recueilli, dans la succession de feu son père, situé au lieu de Chabreville commune de Lagorce, consistant en maison de maître et pour l'exploitation, et terrains de toute nature, divisés en plusieurs pièces quelles que soient la consistance et l'étendue du tout, tel que M. Sarrail l'a possédé par lui ou ses auteurs.

— Evalué également à un revenu annuel de six cents francs, sans distraction des charges. Les parties n'ajoutent aucunes désignations plus spéciales, attendu que les domaines échangés leur sont parfaitement connus. Elles observent seulement que le bien de Chaberville est contigu de toutes parts à d'autres propriétés de M. Jay, au même lieu.

— Pourront les échangistes à compter d'aujourd'hui jouir et disposer chacun, en toute propriété, du domaine qu'ils se sont respectivement cédé subrogés mutuellement à la place et dans tous les droits l'un de l'autre, sans réserve aucune ; à charge par chacun, pour l'avenir, des impôts des biens qu'il reçoit.

Ainsi l'échange est simple et sans soulte.

Dont acte

Fait et passé, au lieu de Chaberville, commune de Lagorce, dans le domicile de M. Jay, le vingt-trois Juillet mil huit cent trente, en présence de Sr Jean Audureau meunier demeurant au lieu de Charberville commune de Lagorie, et de Sr Jean Bossuet, aussi meunier, demeurant à Guête, s'il pleut témoins à ce requis ;

Lecture faite, MM. Jay et Sarrail échangistes, ont signé avec les témoins et moi notaire.

Ainsi signé : A Jay, Sarrail, Audureau, Bossuet et le notaire soussigné.

Enregistré à Coutras le vingt sept Juillet 1830 f° 98 v° c° 2 et 3. Reçu un franc dix centimes avec le décime signé Boissonnet.

OBISSER.

Pour copie in extenso entièrement conforme à l'original à moi communiqué, et collationnée sur ledit original.

Bon M. T. de L.

Cependant les rapports des Sarrail et des Jay, à Chaberville, ne furent point interrompus par cet éloignement de dix à douze kilomètres ; Félix Sarrail et Marie Trigant sa femme continuèrent à aller aux réceptions, qu'aimait fréquenter, à Chaberville, le député académicien Jay, sur le même pied de parfaite intimité. Il y avait là, toute la famille de l'ancien précepteur des fils de Fouché d'Otrante, c'étaient les Sarrail, les Jay, les Richon, les Chevreau (de Guitres), les Létang de Luze, les Fellonneau (de Coutras).

Coutras est à 5 kilomètres de Chaberville.

M. Jay voulut, à plusieurs reprises, faire donner à Félix Sarrail, mari de Marie Trigant, la sous-préfecture de Jonzac ; mais, celui-ci, aimant sa vie tranquille, fuyant les réceptions de personnes peu intimement liées n'accepta jamais.

On verra à l'appendice de ce volume la suite de ce qui concerne Chaberville, les Jay, les Sarrail, etc...

CHAPITRE XII

Théroulde grand chambellan de l'empereur Napoléon III au Gibaud ; Decazes a la société d'agriculture ; le duc Louis Decazes, filleul du roi
Louis XVIII, ministre de 1874, veut racheter le
Gibaud.

Longtemps (1) il fut au-dessus des forces du duc
Decazes de vendre son cher Gibaud ; ce petit royaume qu'il avait fait si magnifique, avec tant de peine,
tant d'intelligence, et tant d'argent.

Il avait voulu, au milieu des fastueux honneurs,
donner un aliment à son infatigable activité ; et
l'homme de la restauration, s'était si bien attaché à
sa grande entreprise, qu'il ne pouvait plus l'abandonner, alors même qu'elle le ruinait. La duchesse Sainte-
Aulaire-Decazes d'un esprit moins largement généreux, lui disait chaque jour la nécessité de
vendre.

M. Théroulde, armateur à Granville, acheta le

(1) *La République*, vendredi 1er juin 1900.

Gibaud du duc Decazes. Le domaine était alors magnifique et dans un état très brillant, mais les propriétaires qui vinrent après le duc Decazes, ne purent le maintenir sur ce pied ; et même il aurait fallu y jeter, pendant des années encore, des centaines de mille francs pour que les terres viennent à rapporter le maximum possible à obtenir.

La plaie était encore saignante au cœur du duc Decazes de la vente du Gibaud, des ruineux essais qu'il y avait faits et que sa femme désapprouvait, quand vint son élection de président de la Société d'Agriculture de France ; ce fut pour son âme une douce joie.

Et cet homme qui était alors l'ombre de Louis XVIII, du monarque libéral, qui cependant avait emporté avec lui l'ancienne majesté royale dans la tombe ; comme si, frère de Louis XVI, il eût été le dernier des Bourbons : Cet homme qui avait été l'ami de ce roi, le dernier qui dormit à Saint Denis, se leva et dit :

« Des honneurs que j'ai reçus dans ma longue carrière, ce titre est le seul qui me reste, je veux qu'il soit inscrit sur ma tombe. »

Ce furent là les premiers mots de son discours, à sa réception à la Présidence de la Société, devant l'élite de Paris, et du monde entier, venue pour écouter celui qui aurait pu être encore président du Conseil des ministres et qui depuis Louis XVIII, n'avait plus voulu aucun honneur, le 28 décembre 1859.

L'homme qui parlait ainsi avait vu le faîte des grandeurs humaines. Premier ministre tout-puissant des années, il gouverna la France ; ambassadeur à Londres, Pair de France, grand référendaire de la Chambre des Pairs, dignitaire des ordres du Saint Esprit, de Saint Louis et de la Légion d'honneur ; mais il avait aussi mesuré tout le néant de cette élévation, et la passion de l'agriculture qui avait rempli de consolation sa vie agitée, restait la seule de ses derniers jours.

Sous M. Théroulde le domaine dépérit ; son fils, M. Ernest Théroulède, devint Grand Chambellan de l'Empereur Napoléon III. — Mais l'armateur de Granville perdit sa fortune ; alors, c'était vers 1865 ou 1866, M. Henri Riquet, l'un des fils de l'ami du duc Decazes, très connu comme agriculteur, médaillé dans tous les concours en France et à l'étranger, devint Directeur intéressé pour l'exploitation du Gibaud.

M. Riquet qui, depuis longtemps, fournissait en

bétail le boucher de l'Empereur Napoléon III (car les bœufs qu'il vendait étaient primés à Paris) fut intéressé dans le « cheptel » (bétail) au Gibaud, ainsi que dans la distillerie et eut le tant pour cent sur les produits.

Résolu à ramener la prospérité dans ce domaine, il prit un régisseur pour la surveillance, et vint avec sa famille habiter le Gibaud, en commun avec la famille Théroulde.

M. Théroulde ne s'occupait que fort peu, ne connaissant presque pas l'agriculture.

Ensemble les hôtes du Gibaud essayèrent de remettre les choses comme au temps du duc Decazes ; il n'y avait plus de soldats, on fit venir des Suisses et la laiterie fut rétablie, on remit tout sur pied (1).

(1) M. Henri Riquet, né en 1820, avait été maire de St-Pierre du Palais, où il possédait le domaine de Chagnau, que lui avait apporté sa femme Nélie-Marie-Marguerite Barrall, sœur de la femme de son frère, née à Chabreville (Lagorce) le 17 septembre 1826, fille de Monsieur Félix et de Marie Trigant. M. Henri Riquet perdit sa fortune dans des opérations commerciales imprudentes.

M. Théophile Riquet soutint son frère de tout ce qu'il put en cette circonstance.

M. Théroulde voulut faire donner à M. Riquet un poste de Directeur d'un asile de force important près de Paris, mais la guerre éclata.

M. Ernest Théroulde se présenta à la députation pour le canton de Montguyon, le grand chambellan donna alors au château de nombreuses et magnifiques réceptions, mais il ne fut pas élu.

Madame H. Riquet présidait à toutes ces fêtes, Madame Théroulde ne venant jamais.

Alors madame Théroulde, séparée de biens avec son mari, ne voulut pas dégrever le Gibaud sur lequel le Crédit foncier avait prêté, car la guerre de 1870 commençait, et elle n'entrevoyait que la ruine dans ce Gibaud où elle n'avait jamais voulu venir.

M. Théroulde tomba malade, M. Riquet vint à Paris pour le voir, il en reçut commission de vendre le Gibaud précipitamment.

M. Henri Riquet alla offrir le Gibaud au duc Louis Decazes, le filleul du roi Louis XVIII, le ministre de 1874, le fils du créateur du Gibaud pour six cent mille francs.

Le duc Louis Decazes désira vivement ravoir ce domaine, mais ne put réunir la somme complète ; et au moment où M. Riquet, qui comme son frère Théophile Riquet, connaissait le duc Decazes, allait faire convenir de facilités de paiement le Crédit Foncier fit faire, sans accorder aucun délai, la vente judiciaire, le Gibaud échappa ainsi au fils du grand ministre de Louis XVIII.

Quelques années après. le duc Louis Decazes recevait Mac-Mahon à la Grave, il y avait union politique entre lui, orléaniste, et MM. Théophile et Henri Riquet, orléanistes eux aussi comme l'avait été leur père, l'ami du ministre de Louis XVIII ; et ils étaient encore tous deux des invités de cette réception historique.

CHAPITRE XIII.

M. Mahieu au Gibaud. — Mort de M.H.Riquet, Th. Riquet son frère le remplace. Le ministre de l'agriculture Jean Dupuy au Gibaud.

M. Mahieu, entrepreneur de travaux publics à Paris, maire de Saint-Maur (Seine) offrit six cent mille francs du Gibaud.

Le domaine en valait bien le double, la vente dut se conclure à ce prix.

M. H. Riquet mourut en janvier 1871, au château du Gibaud, et M. Théophile Riquet, son frère, le remplaça aussitôt. M. Mahieu était assiégé dans Paris, M. Riquet le fit prévenir par pigeons voyageurs de ce qui se passait.

Après la guerre, M. Mahieu mit son neveu M. Payn comme directeur de l'exploitation du Gibaud, celui-ci fit vendre les orangers, les arbres, et beaucoup de matériaux.

M. Lasne acheta ensuite le domaine, vint s'y installer, vendit les métairies, fit des constructions, donna des fêtes, ce qui l'endetta au point qu'il ne put se libérer, le Gibaud se trouva alors encore une fois à vendre.

Il fut acheté pour le compte de M. Jean Dupuy, sénateur, récemment ministre de l'agriculture, qui en est aujourd'hui le propriétaire, M. Dupuy, s'étant adjoint M. Gilbert, son parent, qui habita aussi le château, tous deux s'attachèrent à relever le domaine.

Agriculteurs consommés et progressistes le ministre et M. Gilbert ont fait au Gibaud une brillante entreprise agricole qui donne de sérieux bénéfices, et est appelée à devenir une des plus belles et des plus rémunératrices de notre pays comme déjà elle compte parmi les plus vastes.

M. Henri Riquet était vice-président étranger et médaille d'honneur en or de l'Institut historique des expositions.

Il était donné au maitre actuel du Gibaud de réaliser les projets du duc Decazes.

Le dépôt de remonte a été rétabli, avec quarante hommes de troupes, sous les ordres d'un capitaine ; et un vétérinaire. Il y a plus de trois cents chevaux, le château réparé en dedans. est toujours à l'extérieur le même que du temps du duc Decazes, mais il n'y a plus sur le domaine, ni laiterie, ni distillerie, ni orangerie, ni serres chaudes, ces bâtiments avaient été démolis par les précédents propriétaires.

Quelques parties du domaine ayant aussi été vendues par eux, il y a aujourd'hui moins de terres que du temps du grand Decazes.

M. Dupuy a d'autant plus fait qu'en prenant possession de ce domaine il l'a trouvé considérablement amoindri et ruiné.

Le Gibaud est aujourd'hui prospère et complètement relevé, il sera la fortune pour ceux qui le dirigent avec une si grande intelligence, et c'est une propriété d'avenir par excellence.

Les admirables plantations de vignes faites par M. Dupuy et M. Gilbert commencent à donner rendement et l'on peut dire que la région entière si éprouvée par le phylloxéra, attendait avec un anxieux intérêt les résultats des efforts de M. Dupuy.

CHAPITRE XIV

UNE AUTRE RELATION POLITIQUE ET DE COMPATRIOTE
DU MINISTRE DE LOUIS XVIII.

Thénard Dumousseaux

Jean Baptiste Thénard-Dumousseaux, était né à Montguyon (Charente-Inférieure), le 24 janvier 1762, de maitre Denis Jean François Thénard Dumousseaux, juge sénéchal de la baronnie de Montlieu et de dame Marie Anne Rivet.

Il est mort à Jonzac le 12 janvier 1846.

Reçu avocat au Parlement de Bordeaux en 1783 et partisan de la révolution il devint membre du conseil de département en Charente-Inférieure le 26 juin 1790.

Commissaire du Roi près le tribunal du district de Montlieu, juge au tribunal de district (1793).

Juge de paix de Montguyon et président de canton.

Elu le 24 germinal an V (13 avril 1797) député de la Charente-Inférieure au conseil des Cinq Cents, par 241 voix 303 votants ; il s'y montra partisan du Directoire et donna lecture, en prairial, d'un rapport sur la durée des fonctions des juges de paix nommés en l'an VII. Rallié au 18 brumaire il fut élu le 4 nivôse an VIII (25 décembre 1799) par le Sénat conservateur : député de la Charente-Inférieure au Corps législatif, et fit partie de la commission du code civil.

Sorti du Corps législatif le 28 mai 1803, il fut nommé, le 23 décembre de la même année, sous-préfet de Jonzac ; en août 1813, il fut autorisé à abandonner ces fonctions pour cause d'infirmités, et reçut une pension de 1200 francs.

Le grand collège de la Charente-Inférieure l'élut représentant à la Chambre des Cent jours par 60 voix (101 votants).

Il siégea dans la majorité, fit adhésion à la seconde Restauration qui le nomma le 8 octobre 1816 sous-préfet de Jonzac.

Destitué le 14 février 1816 par M. de Vaublanc comme ancien révolutionnaire sur la dénonciation de quelques fougueux royalistes.

Par ordonnance royale du 18 août 1819 il fut appelé au conseil général de son département — il refusa après 1830 la sous-préfecture de Jonzac, se retira des affaires publiques, et reçut la Légion d'honneur le 22 décembre 1837.

CHAPITRE XV.

Mines dans l'arrondissement de Jonzac. — Elie
Decazes promoteur. — Les recherches actuel-
les dans la vallée du Lary.

Elie Decazes dont le grand esprit avait déjà conçu
tant de choses si remarquables et qui avait déjà tant
fait pour son pays natal, lequel fut l'une des affec-
tions incomparables de son cœur, avait voulu donner encore au Libournais, au Coutraisois, à la Double
à la Basse Saintonge, au Périgord, au Bordelais cet
apport superbe de les doter d'un grand centre minier
et métallurgique.

C'est là un point d'histoire fort important et qui
paraît totalement ignoré.

Son actif génie rêva-t-il un Decazeville pour son
pays.

Ici les villages sont relativement proches les uns
des autres.

Il eût préféré que toute cette industrie fût dans

son pays, quitte à ce qu'elle ne porte que le nom de celui des villages ou il l'aurait créée.

C'est vers 1835 ou 1836 que le grand référendaire fit faire des études et des sondages dans les coteaux qui bordent la rivière du Lary.

Il fit particulièrement explorer le coteau appelé *terte des hôpitaux*, situé commune de Cercoux, et connu aujourd'hui des gens du pays sous le nom de « Terre noire » ; c'est un petit bois de pins sur la route qui venant du bourg de Cercoux va rejoindre la grande route nationale Paris-Bordeaux près le village de Simonneau commune de St-Pierre-du-Palais.

La terre noire est sur le bord de cette route à égale distance à peu près du bourg de Cercoux et de Simonneau et à 100 mètres de la rivière du Lary.

Le duc, croyons-nous, cherchait du fer. Les recherches récentes que nous allons relater montrent qu'il s'en trouve en effet, mais mélangé à du soufre et à de l'antimoine.

Les travaux du duc furent abandonnés (1). Vers

---

(1) Decazes était l'un des propriétaires de Cercoux ayant le plus d'impôts dans cette commune.

Ce n'était pas un encouragement pour Decazes que la lutte menée par les partisans de l'ancienne route nationale Chevanceaux-Bordeaux par Cubzac, contre celle de Decazes par Montguyon, St-Pierre, La Guirande, Guitres, St-Denis-de-Piles,

1856 des ingénieurs espagnols reprirent les choses et furent amenés à exploiter pendant plus de seize ans, le kaolin renfermé dans les coteaux susdits et dans ceux situés sur la commune de Clérac.

Au cours de cette entreprise, des bancs de lignites furent souvent rencontrés. — Ce sont ces lignites que les paysans appellent *terre noire*.

Puis vers 1858, M. Henri Riquet s'occupa beaucoup de ces charbons avec divers chimistes bordelais, mais cette affaire fut abandonnée à cause des moyens de communications qui étaient à cette époque trop onéreux.

La guerre franco-allemande vit la disparition de toute industrie dans le pays et après ce délai de trente-cinq ans l'exploitation de kaolin était à peu près oubliée, à peine quelques-uns savaient-ils qu'il y a eu une verrerie à Valin, petite agglomération à trois cents mètres du tertre en Cercoux.

Personne n'eut voulu croire qu'une industrie assez importante, pouvait se faire là.

Cependant Madame Th. Riquet née Sarrail-Trigant

Libourne, leur opposition ne permettait guère d'espérer que le pays comprit ses intérêts et la clairvoyance de celui qui l'aimait tant.

de Gramont (1) se souvenait parfaitement de tous ces travaux et entreprises, qu'elle raconta plusieurs fois à sa fille Madame Zébrowski-Riquet. C'est ce qui amena en 1905, cette dernière à accorder à cette terre noire la plus grande attention.

Madame Zébrowski-Riquet crut reconnaître dans ces lignites de la tourbe, elle se décida alors à écrire à des ingénieurs parisiens au sujet de la supposition qu'elle venait de faire, et attira en même temps l'attention des gens du pays sur « la terre noire ».

Quelques personnes eurent bientôt la foi (1).

M. l'ingénieur Bonnaud, honoraire des Mines de Firminy, en présence des échantillons (1) que lui envoya la fondatrice de la nouvelle entreprise, consentit à venir examiner le pays. — Il reconnut aussitôt que l'affaire pouvait faire l'objet d'un examen

(1) Marie-Anne-Justine Decazes cousine du duc avait épousé M. Trigant de Geneste (de la branche du Petit Fort, dont les Trigant de Gramont sont un rameau), la parenté était proche entre ce Geneste et les Gramont, peut-être est-ce pour cela que le duc traitait les Sarrail de cousins. Le duc était fils d'une Trigant d'une autre branche (celle de l'auteur, que d'ailleurs il semble qu'à cette époque par erreur on croyait être la même branche que les Petit Fort.) D'ailleurs les Sarrail étaient peut-être alliés à des familles de Guitres et environs alliées aux Decazes.

(1) Il y a des gisements à La Guirande, St-Pierre-du-Palais, etc...

approfondi. Et ces déductions l'amenèrent à retourner présenter divers échantillons à son confrère, le célèbre chimiste Gaston de Velna, lequel est, comme l'on sait, l'un des plus distingués d'entre les élèves de l'illustre Berthelot mort récemment.

M. Gaston de Velna spécialisé dans l'étude des charbons reconnut dans ces lignites, à peine en eut-il fait l'examen, des ozo kérites remarquables (1906).

L'ozo kérite est un composé de cire minérale, de paraffine, de pétrole, etc...

Les sondages commencèrent au printemps de 1907 et amenèrent la découverte de plusieurs gisements ; les principaux sur les communes de Clérac et de Cercoux. Une exploitation s'imposait donc.

Dès la constitution de la compagnie financière qui se forme, les travaux commenceront. Sous la direction de M. de Velna, fonctionne en attendant un syndicat pour les recherches de gisements. L'entreprise actuelle a pour raison sociale : « *Recherches minières de la vallée du Lary.* »

Cette entreprise achèvera de faire de Clérac une petite ville qui d'un côté rejoindra Montguyon car l'usine se fera là très probablement, alors que le 24 novembre 1907 le chemin de fer s'est ouvert aux voyageurs et aux marchandises (une seule voie est faite),

ligne St-Mariens à Barbezieux faisant communiquer
les lignes Bordeaux Paris de l'Etat et de l'Orléans; Bédenac et Clérac en sont les deux premières stations.
Bédenac connu par ses foires est appelé à cause de
sa proximité de St-Mariens à un certain développement, maintenant qu'il y a le chemin de fer, St-Mariens et ses environs verront-ils surtout si les lignes
d'Orléans ne sont pas rachetées pat l'Etat, l'analogue
de la gare de triage de l'Orléans à Coutras, plus de
cinquante voies.

Quant à la commune de Cercoux, elle gagnera à
l'entreprise minière considérablement.

Mais est-il à espérer que cela lui rendra le service
vital d'obliger à lui donner quelques moyens de communications ?

La mise à exécution du tramway Libourne Montguyon indispensable à St-Denis-de-Piles à Guîtres et
à toute la région, encore qu'il ne passerait pas dans
Cercoux, rendrait l'abord du pays possible.

Pour paraître

SUR LES DECAZES

comme suites au présent volume

entre autres :

La cour de Louis XVIII et Madame Princeteau

Elie Decazes et l'argent de la ferme des jeux

Les « littérateurs » subventionnés par le Ministère de l'Intérieur.(fonds secrets) indemnité de saint Domingue. Le général de division Princeteau.

par Le baron MAXIME TRIGANT DE LATOUR

———•◦•———

Autre volume ensuite sur :

LE DUC DECAZES *au Ministère*, et son chef de cabinet à la Police Générale, à l'Intérieur et à la Présidence du Conseil le baron TRIGANT DE LATOUR.

———

I. Le présent volume est la suite de celui :

La vérité sur le père et la famille du favori de Louis XVIII, la jeunesse du Duc DECAZES. Prix 2 fr. net et franco contre mandat à envoyer à l'auteur Maxime TRIGANT DE LATOUR, à Saint-André de Cubzac (Gironde).

APPENDICE

Les Jay à Chaberville. — Les Dufrénoy

CHAPITRE XVI.

Une relation politique du Duc Elie Decazes
Antoine JAY
DE L'ACADÉMIE FRANÇAISE
(BIOGRAPHIE)

Antoine Jay était né à Guitres (Gironde) le 19 octobre 1769, de monsieur Jean Jay, commissaire à Terrier, et de demoiselle Philippe Julie Chevreau (1).

Il était, d'après Godin et Howyn de Tranchère (histoire de Guitres) fils ainé et mourut le 9 avril 1855.

Il avait pour frère :

1° Barrière-Jay marié à Cécile Larrieu.

2° Hector Jay marié à N. Demande dont la petite fille Madame J. d'Aix vit.

L'Histoire de Guitres par Howyn continue ainsi :

Il fit ses premières classes chez les oratoriens de

---

(1) Une autre demoiselle Chevreau habitant Guitres, de la génération de Mme Dufrénoy, nièce ou nièce bretonne de l'académicien était mariée à un M. Jay.

Niort où il eut pour professeur Fouché, le futur duc d'Otrante et compléta son instruction à Toulouse par une étude approfondie du droit.

Il partit en 1795 pour l'Amérique du Nord de retour en France en 1802, il publia ses impressions dans le nouveau Journal des Voyages, et se consacra pendant six ans à l'éducation des enfants de Fouché.

En 1810, il partagea avec Victorien Fabre le prix décerné par l'Académie française pour le *Tableau littéraire du XVIIIe siècle*, et obtint en 1812 l'accessit pour l'Eloge de Montaigne, dont le prix fut accordé à Villemain.

Chargé presque en même temps de la direction du Journal de Paris et d'une chaire d'histoire à l'Athénée, il fut élu membre de la Chambre des représentants pendant les Cent jours.

De concert avec un de ses amis, Evariste Dumoulin, Girondin comme lui, il fonda le *Constitutionnel* et collabora plus tard à la *Minerve* avec Tissot, Etienne, de Jouy et Benjamin Constant.

En 1823, il fut condamné à la prison pour un article sur Boyer-Fonfrède qu'il avait fait paraître dans la *Biographie nouvelle des Contemporains*.

De 1831 à 1837, il fit partie de la Chambre des

députés et fut élu en 1832 membre de l'Académie française.

Ses principaux écrits sont les suivants :

Histoire du ministère du cardinal Richelieu (1815).

Eloge de Corneille (1808).

Essai de Nicolas Freeman (1812).

Les Hermites en prison et les Hermites en liberté, en collaboration avec de Jouy (1823).

Essai sur l'éloquence politique (publié en tête de l'édition des discours du Général Foy) ;

La conversion d'un romantique (1830) ;

Œuvres littéraires (1831), comprenant Dialogues des morts, Considérations sur l'état politique actuel de la France, Notice sur Raynal, Nouvelles américaines.

De son mariage avec Madeleine Agathe Moutardier, (1) il n'eut qu'une fille, qui épousa l'éminent minéralogiste Dufrénoy, fils de la célèbre madame Dufrénoy.

---

(1) Elle était originaire de Lesparre.

CHAPITRE XVII

Le duc Elie Decazes venait voir M. Antoine Jay à Chabreville, c'était là des visites d'homme politique à homme politique.

M. Jay, malgré ses variations d'opinion, n'en était pas moins l'homme distingué et aimable par excellence qu'on aimait à Chabreville, et qui tenait pendant ses séjours a s'y entourer toujours d'une nombreuse société. Nous avons dit dans un des chapitres de cet ouvrage, en parlant de la famille Sarrail quels étaient ses hôtes.

Madame Antoine Jay montrait aussi la meilleure bonne grâce, mais son originalité était très grande, ils avaient une fille unique qu'ils firent instruire d'une façon supérieure pour son époque, elle épousa Pierre Armand Dufrénoy, ingénieur des mines 1792-1857, minéralogiste et géologue distingué, fils d'Adélaïde Dufrénoy si connue pour ses poésies et dont

M. Jay réédita les œuvres en les précédant d'une notice sur la vie de cette femme célèbre (1).

Après la mort du fondateur du *Constitutionnel* les réceptions de Chabreville cessèrent, toutefois de loin en loin madame Dufrénoy donna des bals et des soirées, mais dans sa maison de Guitres ; c'étaient des réceptions parisiennes, les charmantes réunions de Chabreville où l'on trouvait chez M. et Madame Jay la grace et la distinction des châtelains, n'existaient plus. — Madame Dufrénoy semblait vouloir affirmer par ses réceptions la suprématie de sa fortune, et une position dans le monde gouvernemental, c'est-à-dire tout puissant. Elle avait le préjugé de certains parisiens qui n'ont pour le provincial que de la condescendance.

Madame Dufrénoy laissa trois enfants (2) Parmi

(1) Madame Dufrénoy. — Œuvres poétiques suivies d'observations sur sa vie, ses ouvrages etc. par M. A. Jay. Paris Moutardier 1826, in-8°.

(2) Ce sont.

1° Antoine Dufrénoy, ingénieur, marié en Belgique avec la fille d'un maitre de forges.

2° Gustave sorti de l'Ecole polytechnique, ingénieur des ponts.

3° Gratien attaché au ministère, de son mariage avec Mademoiselle Lacroix, fille du médecin connu à Paris, il eut Madame de Lalande, femme d'un avocat à la cour d'appel de Paris, actuellement vivant.

eux Gustave, ingénieur des Ponts, sorti de l'Ecole Royale polytechnique, décédé, dont la veûve vit à Chabreville, avec sa fille mariée à M. Guédon maire de Lagorce, tant il est vrai que cette fonction de maire de Lagorce semble être attachée aux hôtes de Chabreville.

En effet, après Guillaume Sarrail, propriétaire de Chabreville, Maximin Félix Sarrail son fils fut maire de Lagorce comme nous l'avons dit, et quand l'Académicien Jay, lui eut acheté sa part du domaine, M. Jay lui succéda dans la mairie, enfin voilà M. Guédon, mari de l'arrière petite-fille d'Antoine Jay, et par là propriétaire de Chabreville, maire de Lagorce, et tout récemment élu (1907) conseiller général du canton de Guitres.

Le duc était un peu plus lié avec l'ingénieur des mines, si célèbre : Dufrenoy, gendre de M. Jay, qui avec Cabrol fit les plans de Decazeville (Aveyron) ; ce grand centre d'usines que créa Decazes dans un bourg inhabité, et qui devint presque aussitôt la ville importante si connue.

M. Dufrénoy était voisin de Decazes à Paris, comme M. Jay son beau-père l'était à Chabreville, du duc au Gibaud ou à la Grave ; M. Dufrénoy habitait près de l'Ecole des mines. — Le duc, alors grand référendaire, était logé à la Chambre des Pairs (palais du Luxembourg).

On sait que Decazes avait fondé au Luxembourg, la pépinière et un jardin d'horticulture; tout cela fut depuis quelque peu morcelé, mais est resté un modèle du genre parmi les jardins parisiens, après avoir eu sa célébrité le jardin continue d'être réputé.

Le jardinier en chef était M. Hardy, que voyait M. Dufresnoy et que recevait M. Decazes.

Quand commença la Révolution de Février (1848), l'Académicien Jay, arrivant de la diligence, et venant de se reposer à l'Ecole des Mines, alla consacrer au duc Decazes sa première visite au palais de la Chambre des Pairs, emmenant avec lui son petit-fils, alors jeune homme, M. Gratien Dufrénoy, qui a bien voulu nous narrer cette anecdote.

Où allez-vous, citoyens, lui dit un républicain improvisé sentinelle en cet endroit : Je vais chez le grand référendaire, lui répondit M. Jay.

Il n'y a plus de grand référendaire, ni de petit, Decazes vient de partir, il y a une demi-heure, avec sa femme, déclara le garde-citoyen.

Lettre de part mortuaire du Ministre Louis XVIII

M.

La Comtesse de Sainte-Aulaire, le duc Decazes et de Glucksbierg ; le Comte Decazes, Duc Frédéric de Glucksbierg, Mesdemoiselles Victorine et Louise et Monsieur Léopold Lefebvre, le Vicomte et la Vicomtesse Decazes, leurs Enfants et Petits Enfants ; Madame Princeteau née Decazes, ses Enfants et Petits-Enfants ; le Marquis et la Marquise de Sainte-Aulaire et leurs enfants ; le Baron de Langsdorf et ses Enfants ; le Comte et la Comtesse d'Esterno et leurs Enfants ; le Marquis et la Marquise d'Harcourt et leurs Enfants

Ont l'honneur de vous faire part de la perte douloureuse qu'ils viennent de faire en la personne de Monsieur ELIE, duc DECAZES et de GLUCKSBIERG, ancien conseiller à la Cour de Paris, ancien Président du Conseil des ministres de S. M. le Roi Louis XVIII, ancien Ambassadeur, ancien Grand Référendaire de la Chambre des Pairs, Chevalier de l'Ordre du Saint-Esprit, Grand'Croix des Ordres de la Légion d'honneur et de l'Eléphant de Danemark, leur Gendre, Père, Grand-Père, Frère, Beau-Frère, Oncle et Grand-Oncle, décédé muni des Sacrements de l'Eglise, à Paris le 24 octobre 1860 à l'âge de 80 ans.

PRIEZ POUR LUI.

Remond, 70, rue des Saint-Pères.

Feuille double.

Pour copie conforme non collationnée,
Baron M. T. de L.

ERRATA

Le prix de la souscription était 2 fr. 50, -

ERREURS D'IMPRESSION

Page 32, lire de libelles et non des libelles.

Page 34, ligne 7, lire Cercoux 9 kil.

»　　　　lignes 8 et 9, lire de Libourne 34.

Page 57, ligne 19, lire Les Sarrail.

Page 62, ligne 19, lire fréquentes et non fréquenter.

OMISSION :

**Liste des libelles des ultras contre Decazes dont
un exemplaire fait partie de la bibliothèque de
l'auteur. Extrait du catalogue de sa bibliothèque en l'année 1901.**

(La dite collection comprend en outre divers ouvrages
sérieux sur les Decazes)

I. — Projet d'acte d'accusation contre M. Elie
de Cazes, ministre de la Police et de l'Intérieur
(deuxième édition) Paris, Lenormant 1819. — IV-99
pages, Brasseur impr., signé T D. et R. — Supplément à l'acte d'acc. de M. de Cazes (Elie) ministre
de... etc., en exergue 4 lignes de Massillon, Paris, Pon-

thieu lib., même impr. — 1819, anonyme, 23 pages, le tout relié en un seul volume.

II. — L'homme des Gibeaux ou nouvelles preuves de la conjuration de M. Elie de Cazes contre la légitimité. Paris, Lenormand, 1820, in-8, 60 pages.

III. — Projet de la proposition d'accusation contre M. le duc de Cazes, pair de France, président du Conseil des Ministres..., par Clausel de Coussergues. Paris, Dentu, 1820, in-8 380 pages.

IV. — Même ouvrage, 2ᵉ édition, 1820.

OUVRAGES SÉRIEUX SUR LES DECAZES

Extrait du Catal. de la Bibliothèque du Baron M. de Latour

en 1901

A. — Théodore Princeteau : poésies diverses, 1802. 158 pages, Bordeaux, Pagaud, impr.

B. — Etienne Gallois : Le duc et la duchesse Decazes, 2ᵉ édition, in-8, 185 pages, libr. académique Didier, 1875.

C. — Ernest Daudet : Louis XVIII et le duc Decazes. Plon, grand in-8, 500 pages, 1899.

LISTE DES OUVRAGES

DU

Baron Maxime TRIGANT DE LATOUR

Pour en recevoir franco, adresser le prix marqué
à l'auteur, MAXIME TRIGANT DE LATOUR à Lauzerte,
Tarn et Garonne.

Mandat, Mandat-carte ou autre nous ferons recouvrer ou enverrons contre remboursement si on le
désire ; dans ce cas 0 fr. 50 en plus.

*On peut aussi demander tous ces ouvrages à Bordeaux
chez MM. Feret et fils : à Paris chez M. Emile Paul,
lib., 100, faub. St-Honoré ; Chéronnet, lib., 19, rue
des Grands Augustins, librairie de l'ancien temps, 49
rue de la Victoire, et tous libraires.*

Livres parus

*** *Les Trigant*, 1896, gr. in-8. 172 p. d'impression
en petit texte, **5 fr.** br. ouvrage réputé comme très
curieux.

*** *Le baron Jappemord*, (comédie) in-8. 72 p. de
texte, 1899, Fayard frères, éditeurs. br. **1 fr. 75.**

*** *Avant l'apogée. — La vérité sur le père et la famille du favori de Louis XVIII, la jeunesse du Duc
Decazes*, 132 p. gr. in-8. 1901. br. **2 fr.**

I. Une suite à cet ouvrage a paru sous le titre
Le ministre de Louis XVIII, duc Decazes au Gibaud, voir plus loin.

****Manuel du chercheur, du curieux et de l'amateur.* Précis complet et indispensable au lecteur de papiers anciens, et à tous ceux qui s'occupent ou lisent des travaux historiques, généalogiques, biographiques, héraldiques et autres. *Les origines et la formation de la Société.* — ORGANISATION MODIFICATIONS SUCCESSIVES DE TOUTES LES CLASSES ET DICTIONNAIRE HISTORIQUE ET EXPLICATIF DE TOUS LES TERMES ANCIENS

Donnant tout ce qu'il faut savoir pour connaître instantanément :

L'organisation de la Société à chaque époque ; La signification de toute expression tombée en désuétude employée dans un acte antérieur à 1789 — La situation sociale, avec tous ses détails de chaque individu cité dans un acte de tout temps. — Les us, coutumes, lois, particularités, fonctions, situations, emplois, fortunes, droits, servitudes, honneurs, rangs, prérogatives, privilèges, etc.

Gaulois, Romains, les Francs, Charlemagne, les grands vassaux, les leudes, les barons, la féodalité, les serfs, la roture, le tiers, vassal, suzerain, l'hommage, redevances féodales, privilège des hommes li-

bres, les citoyens des villes, la communauté, la che-
valerie, le Fief de haubert, les chevaliers ban-
nerets, etc., etc.

Un prospectus a donné les autres titres des principaux chapitres. Paraît aussi sous le seul titre : Formation de la Société, 1903, 232 pages, in-16.

Vient de paraître (Suite du livre La Vérité sur
le père et la famille du favori de Louis XVIII, la
jeunesse du Duc Decazes (cité plus haut). —
FASTES DU GIBAUD. — LE MINISTRE DE LOUIS XVIII,
DUC DECAZES AU GIBAUD. — *Théroulde, grand
Chambellan de Napoléon III.* M. J. Dupuy, ancien ministre, de l'Agriculture au Gibaud. — Appendice : l'Académicien Jay, —Chaberville — les Dufrénoy, grand in-8° **3 fr.** net et franco, en souscri-
vant, chez l'auteur 1908, et à la mise en librairie **3 fr.**

Livre cessé paru par fascicule

Armorial de 1696 (2 fascicules, de chacun 20 pages
in-8.) Guyenne (parus) 1901 **1 fr.**

En cours de publication. — livre

L'Encyclopédie Universelle illustrée de biographie et
d'histoire (généalogie héraldique, géographie, etc.,
dictionnaire des terres et des familles), grand in-4°,
texte sur 3 colonnes, imprimée sur papier de luxe,

chaque gravure sur page blanche non imprimée au dos, commencée en 1899, prix **300 fr**. Ornée de portraits, vues de châteaux, domaines, armoiries, etc. : en souscription, tome 1ᵉʳ, paru, prix **7 fr.**, tome 11 en cours. — Les souscripteurs peuvent désigner eux-mêmes les notices qu'ils veulent voir insérées ; au cas où ils ne font rien insérer, ou s'ils ne désirent voir paraître que de courtes notices, il est consenti des réductions considérables sur le prix de la souscription.

Journaux parus

Le *Recueil historique et littéraire*, collection complète, 4 numéros in-8, en tout 80 pages, 1898, **3 fr**. — Continué par la Revue historique, littéraire, artistique, scientifique, du beau, et de toutes les connaissances humaines. — IIIᵉ série, une couverture 4 pages pour plan, parue. — La IIᵉ série paraîtra à une date ultérieure.

Le *Journal littéraire de Paris*, collection complète 2 numéros in-4· en tout 16 pages 1898. Prix broché **1 fr**.

Revue des collectionneurs et des auteurs non édités en librairie — nᵒ 1 de 12 pages in 4· moyen 28 × 22 paru 1907 (plan élaboré commencement de 1906) le nᵒ 1.50, un an **8 fr. 25**, et un an **6 fr. 75** pour tout collectionneur ou auteur savant, amis des lettres de l'histoire etc...

Revue de Guyenne et Saintonge (pour plan) couverture de 4 pages parue 1902.

En cours de publication — Journaux

La *Chronique héraldique et mondaine* 1899, trois numéros in-8· d'ensemble, 60 pages et 4 numéros in-4. d'ensemble 22 pages, **6 fr**. — Une nouvelle série commencée en 1901, texte extrait de l Encyclopédie 2 numéros parus d'ensemble, 24 pages (rare **3 fr.**)

Le *Recueil d'actes* notariés d'état civil, pièces authentiques sur toutes les familles et tous documents inédits avec portraits, blasons, vues et autres, 8 numéros parus ensemble, 290 pages, in-8, prix **30 fr**. années (1900-1901-02-03. Les collections complètes sont rarisimes leur prix **30 fr.** sera augmenté. Droit d'insertion de documents, **18 fr.** par 8 pag. ; le numéro in-8 d'au moins 36 pages de texte, **0 fr. 85**. Une deuxième série 40 pages d'actes et 8 d'une notice a paru dans le *Mercure Héraldique*. La collection de ces pages prix **1 fr. 50**, Les numéros 7 et 8 réunis, ont pris le nom d'annuaire recueil d'actes. Les documents ne sont insérés qu'in-extenso et après que leur authenticité a été reconnue.

Le supplément, 4 numéros parus, d'ensemble 16 pages grand in·8 (1902-03·04).

sés à M. T. de Latour (directeur propriétaire de cette publication à St André-de-Cubzac (Gironde).

Un album spécial pour former l'armorial universel sur cartes postales illustrées sera mis en vente.

Cartes parues, souscrites en plusieurs exemplaires; 16 cartes, franco, recommandées 1 fr. 50 ; 80 cartes 6 fr. 50 ; 120 cartes 8 fr. ; 200 cartes 12 fr. 50; 250 cartes 14 fr. 300 pour 15 fr. 25 au-dessus de 325, 0 fr. 05 l'une. Pour la série à 0 fr. 15 augmenter ces prix de 0 fr. 04 par carte jusqu'à 150 de 0 fr. 03 jusqu'à 300 de 0 fr. 02 au-dessus.

Toute somme inférieure à 0 fr. 80 peut être payée en timbres ; mandat ou bon de poste est préférable pour toute somme supérieure On paie en commandant (nous faisons recouvrer si on le désire et envoyons contre remboursement en augmentant la facture de 0 fr. 50).

Un mandat-carte sur lequel on peut écrire sa commande est le mode le plus simple de commander et de payer. Nous nous chargeons d'éditer en cartes postales toutes gravures.

Liste des cartes en vente aux conditions ci dessus, chez M. de Latour, à Cercoux (Charente-Inférieure).

N° 1. Grand écusson des armoiries de Couppé de Kervennou (Lannion).

N° 2. Carte postale illustrée d'un grand écusson avec supports et texte des armoiries de Gayffier (Gévaudan).

N° 3. Carte postale illustrée d'un grand écusson des armoiries de Bessas (Guyenne).

N° 4. Grand écusson avec accessoire et texte des armoiries de Durfort (Quercy).

N° 5. Carte postale illustrée d'un grand écusson avec supports et texte, des armoiries de Trigant (Guyenne).

N° 6. Carte postale illustrée d'un grand écusson avec supports et texte des armoiries de Marchi della Costa (Tessin Suisse).

N° 7. Carte postale illustrée d'un grand écusson avec supports et texte des armoiries d'Hertault de Beaufort (Languedoc).

N° 8. Carte postale illustrée d'un grand écusson des armoiries d'Ournel (Péronne).

N° 9. Grand écusson des armoiries Castaigner (Quercy) avec supports, lecture notice.

N° 10. Grand écusson des armoiries de Faria (Portugal) avec supports, lecture notice.

Grand nombre d'autres armoiries vont paraître incessamment.

*** Faites publier vos papiers de famille, etc., au

Recueil d'actes notariés d'état-civil ou pièces authentiques sur les familles. Cela vous assurera que ces
pièces ne seront pas perdues. Cet imprimé aura la
valeur des originaux, car ce travail n'insère les documents qu'*in extenso*, après avoir reconnu leur authenticité complète et absolue. — Baron Maxime de Latour, directeur à Cercoux (Charente-Inférieure). —
Il n'est perçu que les simples frais d'impression des
documents que nous insérons (18 francs par 8 pages,
grand in-8° insérées, tarif fixé).

.*. Les preuves de la noblesse de France, de la
filiation des familles, du droit à un titre nobiliaire de
l'ancienneté ou de la ci-devant bourgeoisie d'une
famille paraissent au Recueil d'Actes.

.*. En faisant publier vos papiers de familles au
Recueil d'actes, vous prouverez l'ancienneté de votre
famille, son histoire, votre droit au nom que vous
portez, votre filiation, le droit que vous avez au titre
que vous portez. C'est votre seul moyen de faire ces
preuves et d'en assurer la conservation.

Faites insérer cette biographie complète et détaillée, des notices sur vos familles, sur vos châteaux,
domaines, etc., sur une personne quelconque, la vie
de vos parents, avec gravures, armoiries, portraits,
vues de châteaux etc., dans l'Encyclopédie Universelle

illustrée de biographie et d'histoire, le plus luxueux dictionnaire qui existe, le fascicule Xe Tome II est à l'impression. Le baron M. de Latour, Directeur, lui écrire.

Le baron M. T. de Latour a publié de plus un nombre considérable d'articles dans des journaux quotidiens ou autres et revues de Paris et de province.

Un très grand nombre d'autres ouvrages et travaux sont en préparation.

*
* *

Tirage à part de publications où M. de Latour n'a fait que donner sa collaboration :

Extr. de la Revue de Bretagne ; *Notes sur divers bretons du nom de Couppé et Essai d'histoire des Couppé des Essarts et de Kervenou pour toutes les branches issues.*

Prix 1 fr. 50 par le baron M. Trigant et le Dr du R. Phélan, 1905. — 22 pages, prix 1 fr. 50.

SUPPRESSION DES POMPES
ET DES PUITS OUVERTS

DESSUS DE PUITS DE SÉCURITÉ
Fonctionnant à plus de cent mètres

Une fillette de 10 ans tire l'eau sans fatigue à toute profondeur

Les docteurs conseillent, pour avoir toujours de l'eau saine, de les remplacer par le **Dessus de puits de Sécurité** qui sert à tirer l'eau à *toutes profondeurs* et empêche tous les accidents, ne craint nullement la gelée pour la pose, ni pour le fonctionnement.

Système breveté, hors concours dans les Expositions, se plaçant sans frais et sans réparations sur tous les puits, communal, mitoyen, ordinaire, ancien et nouveau et à n'importe quel diamètre. — Envoi à l'essai de l'appareil qui serait repris sans aucune indemnité s'il ne convenait pas.

Prix **150 francs** payables après satisfaction.

S'adresser à MM. JONET et Cie, à Raismes (Nord)

Fournisseurs de la Compagnie des Chemins de fer du Nord, des Chemins de Paris à Lyon et à la Méditerranée et d'autres grandes Compagnies, ainsi que d'un grand nombre de communes.

NOMBREUSES RÉFÉRENCES

Envoi franco du Catalogue, ainsi que du duplicata du *Journal officiel*, concernant la loi sur les eaux potables votée et promulguée le 19 février 1902 et mise en vigueur le 19 février 1903.

Ville de Paris, Exp. 1900 : Membre du Jury, Hors Concours

ON DEMANDE DES REPRÉSENTANTS

Saint-Amand (Cher). — Imp. DANIEL-CHAMBON.